Möge Glück
Dich immer begleiten

D1722816

Verlag Pegasus & Partner

Möge Glück
Dich immer begleiten

Eine Sammlung von Gedanken
über das Glück

Was ist Glück?

Glück ist Wärme, wenn es kalt ist,

Glück ist weißer
Meeresstrand,

Glück ist Ruhe, die im Wald ist,

11

12

Glück ist eines Freundes Hand.

14

Glück ist eine stille Stunde,

Glück ist ein Lied,
ob Moll, ob Dur,

18

Glück ist
gar nicht mal so selten,
Glück ist für uns
auch die Natur.

Glück ist jeder neue Morgen,

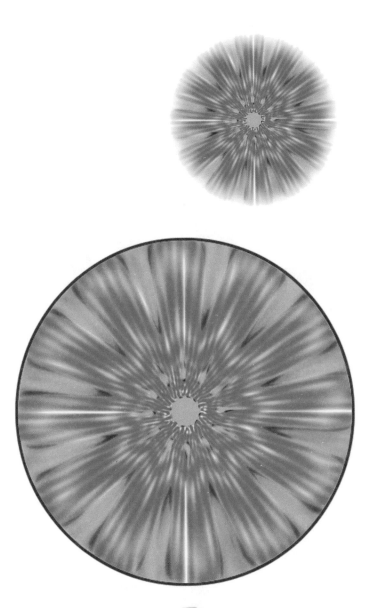

Glück ist bunte Blumenpracht,

24

Glück sind Tage ohne Sorgen,
Glück ist, wenn man
fröhlich lacht.

25

Glück ist Regen, wenn es heiß ist,
Glück ist Sonne nach dem Guss,

Glück ist, wenn ein Kind ein Eis isst,
Glück ist auch ein lieber Kuss.

28

Text:
Svenja Romana von Quint

Für die Gestaltung der Mandalas
gebührt besonderer Dank
in Memoriam: Herrn Klaus Burkhardt,
Bad Wörishofen

Illustrationen (Aquarelle):
Volker Loskill

Gesamtkonzeption:
Manfred Ullmer, Leonberg-Höfingen

Die Deutsche Bibliothek - CIP-Einheitsaufnahme
Möge Glück Dich immer begleiten / Svenja Romana von Quint. -
Füssen : Pegasus-Verl., 2001
  ISBN 3-929371-13-8

$\mathcal{E}$in Mandala der guten Wünsche.
Folgende 8 Titel sind bereits erhältlich.
(Weitere sind in Vorbereitung)

- Dir wünsche ich für jeden Tag ein Lächeln
- Dir wünsche ich Gutes für jeden Tag
- Möge Glück Dich immer begleiten
- Dir wünsche ich die Kunst zu leben
- All das wünsche ich Dir
- Dir wünsche ich Glück
- Dir wünsche ich Gelassenheit
- Dir wünsche ich Zeit – Nimm Dir Zeit

Geschenk-
bücher
Umfang
32 Seiten

DM 14,-
EUR 7,-